ANIMALES AMISTOSOS DEL ZOOLÓGICO
LEONES
AMY CULLIFORD
Traducción de Pablo de la Vega
I0821861
Un libro de Las Raíces de Crabtree
CRABTREE
Publishing Company
www.crabtreebooks.com

Apoyos de la escuela a los hogares para cuidadores y maestros

Este libro ayuda a los niños en su desarrollo al permitirles practicar la lectura. Abajo están algunas preguntas guía para ayudar al lector a fortalecer sus habilidades de comprensión. En rojo hay algunas opciones de respuesta.

Antes de leer:

- ¿De qué pienso que trata este libro?
  - *Pienso que este libro es sobre los leones.*
  - *Pienso que este libro es sobre los leones que viven en zoológicos.*
- ¿Qué quiero aprender sobre este tema?
  - *Quiero aprender qué les gusta hacer a los leones.*
  - *Quiero aprender de qué colores puede ser un león.*

Durante la lectura:

- Me pregunto por qué...
  - *Me pregunto por qué los leones tienen garras.*
  - *Me pregunto por qué los leones son de diferentes colores.*
- ¿Qué he aprendido hasta ahora?
  - *Aprendí que los leones pueden ser amarillos, blancos o cafés.*
  - *Aprendí que los leones dicen* ¡grrr!

Después de leer:

- ¿Qué detalles aprendí de este tema?
  - *Aprendí que a los leones les gusta jugar.*
  - *Aprendí que los leones son gatos grandes.*
- Lee el libro una vez más y busca las palabras del vocabulario.
  - *Veo la palabra* ***gatos*** *en la página 4 y la palabra* ***garras*** *en la página 9. Las demás palabras del vocabulario están en la página 14.*

Este es un **león**.

Los leones son **gatos** grandes.

Los leones pueden ser blancos, amarillos o cafés.

Todos los leones tienen **garras**.

A todos los leones
les gusta jugar.

Todos los leones
dicen *¡grrr!*

Lista de palabras

Palabras de uso común

a	los	son
es	o	tienen
este	pueden	todos
les	ser	un

Palabras para conocer

garras

gatos

león

34 palabras

Este es un **león**.

Los leones son **gatos** grandes.

Los leones pueden ser blancos, amarillos o cafés.

Todos los leones tienen **garras**.

A todos los leones les gusta jugar.

Todos los leones dicen *¡grrr!*

Written by: Amy Culliford
Designed by: Rhea Wallace
Series Development : James Earley
Proofreader: Janine Deschenes
Educational Consultant:
Marie Lemke M.Ed.
Translation to Spanish:
Pablo de la Vega
Spanish-language layout and
proofread: Base Tres
Print and production coordinator:
Katherine Berti

Photographs:
Shutterstock: mojoeks: cover; Ricardo Reitmeye: p. 1; Rbizon: p. 3, 14; Seyms Brugger: p. 4-5, 14; englishinbsas: p. 7a; Catbell: p. 7b; Andy Elliott: p. 9, 14; Jmx Images: p. 11; Asaf Weizman: p. 13

Library and Archives Canada Cataloguing in Publication

Title: Leones / Amy Culliford ; traducción de Pablo de la Vega.
Other titles: Lions. Spanish
Names: Culliford, Amy, 1992- author. | Vega, Pablo de la, translator.
Description: Series statement: Animales amistosos del zoológico | Translation of: Lions. | "Un libro de las raíces de Crabtree". | Text in Spanish.
Identifiers: Canadiana (print) 20210231262 | Canadiana (ebook) 20210231270 | ISBN 9781039617315 (hardcover) | ISBN 9781039617377 (softcover) | ISBN 9781039617438 (HTML) | ISBN 9781039617490 (EPUB) | ISBN 9781039617551 (read-along ebook)
Subjects: LCSH: Lion—Juvenile literature.
Classification: LCC QL737.C23 C8518 2022 | DDC j599.757—dc23

Library of Congress Cataloging-in-Publication Data

Names: Culliford, Amy, 1992- author.
Title: Leones / Amy Culliford ; traducción de Pablo de la Vega.
Other titles: Lions. Spanish
Description: New York : Crabtree Publishing, [2022] | Series: Animales amistosos del zoológico - un libro de las raíces de Crabtree | Includes index.
Identifiers: LCCN 2021024012 (print) | LCCN 2021024013 (ebook) | ISBN 9781039617315 (hardcover) | ISBN 9781039617377 (paperback) | ISBN 9781039617438 (ebook) | ISBN 9781039617490 (epub) | ISBN 9781039617551
Subjects: LCSH: Lion--Juvenile literature. | Zoo animals--Juvenile literature.
Classification: LCC SF408.6.L54 C8518 2022 (print) | LCC SF408.6.L54 (ebook) | DDC 599.757--dc23
LC record available at https://lccn.loc.gov/2021024012
LC ebook record available at https://lccn.loc.gov/2021024013

Crabtree Publishing Company

www.crabtreebooks.com 1-800-387-7650

Printed in the U.S.A./072021/CG20210514

Published in the United States
Crabtree Publishing
347 Fifth Avenue, Suite 1402-145
New York, NY, 10016

Published in Canada
Crabtree Publishing
616 Welland Ave.
St. Catharines, ON, L2M 5V6